좋은 성품으로 변화되는 교회학교 공과

만화공과 상 학생용

너희가 주의 인자하심을 맛보았으면 그리하라.
베드로전서 2장 3절

도서출판 한장연

하나님이 좋아하는 성품과 싫어하는 성품을 적어주세요.
26주동안 어떤 나무의 열매가 많이 맺혔는지 관찰해 봅시다.

하나님이 좋아하는

하나님이 싫어하는

좋은 성품으로 변화되는 교회학교 공과

만화공과

상 학생용

초판인쇄 | 2015년 12월 1일　1판 3쇄 발행 | 2018년 4월 9일
발행인 | 김해용　발행처 | 도서출판 한장연　등록번호 | 제 319-2013-45호
주소 | 06988 서울시 동작구 사당로9가길 23 1층
전화 | 02) 596-4973~4　팩스 | 02) 596-4975　홈페이지 | www.kmindmall.com
편집인 · 저자 | 김해용　내용구성 | 김인경　일러스트 | 크레마인드　디자인 | 박현주
ISBN | 979-11-86101-18-6
ISBN | 979-11-951127-0-8 (세트)　정가 | 6,500원

| 가까운 서점 및 www.kmindmall.com에서 쉽게 구매할 수 있습니다.

집필사

도서출판 한장연은 설립 때부터 재미있고, 쉬우며, 오랫동안 기억에 남는 시청각 공과를 제작, 보급하는 데 최선을 다하였습니다. 그 결과 많은 학생들이 복음을 받아들이고 예수님을 만났으며, 이것은 도서출판 한장연의 원동력이 되었습니다. 복음을 전하는 것은 큰 기쁨이며 영광스런 일입니다. 그리고 그리스도인이면 누구나 복음을 전해야 하며 모든 사람들에게 차별 없이 전해져야 합니다. 복음에는 능력이 있어 듣는 사람에게는 구원의 은혜가 임하게 됩니다. 그러므로 열심히 복음을 전해야 합니다. 한장연은 땅 끝까지 이르러 복음을 전하라는 예수님의 명령에 따라 어린아이나 지적장애인도 복음을 쉽고 재미있게 받아들일 수 있도록 다양한 시청각 교육 자료를 제작하여 보급하는 사역을 하고 있습니다.

사단과의 영적 싸움은 이미 오래전부터 시작되었고 지금도 계속되고 있습니다. 본 공과는 영적 전투의 현장인 삶 속에서 우리를 승리의 고지로 견인하는 효과적인 병기입니다. 특별히 본 공과는 학생들이 '하나님과 예수님 성품을 본받는 것'을 최고 목표로 삼고 구성하였습니다. 하나님과 예수님 성품을 닮으려면 늘 성경을 가까이 할 뿐만 아니라 생각하고 삶 속에 바르게 적용해 나가야 합니다. 본 공과는 학습의 동기가 되는 흥미를 유발시키기 위하여 일반적으로 궁금한 문제를 교사와 학생의 대화 형식으로 서두에 제시하였습니다. 또한 재미있게 학습할 수 있도록 짧은 내용으로 줄거리를 구성하여 그림 컷과 컬러로 답을 표기하였고, 만화 결론도 실천적인 신앙생활에 도전을 주기 위해 교사가 학생에게 생활 속에서 실천할 수 있는 것이 무엇인지 살펴볼 수 있도록 이끌어주었습니다. 그리고 의미 있는 학습과 삶의 변화를 위하여 성품 단어 해석과 3단계로 말씀 적용을 구성하였고, 기도로 어떤 삶을 살아나가야 할지 방향을 제시해 주었습니다.

"이로써 그 보배롭고 지극히 큰 약속을 우리에게 주사 이 약속으로 말미암아 너희가 정욕 때문에 세상에서 썩어질 것을 피하여 신성한 성품에 참여하는 자가 되게 하려 하셨느니라." (베드로후서 1장 4절) 이 말씀은 하나님을 닮는 것, 예수님을 닮아 간다는 것은 구원받은 성도의 삶을 통해서 나타나는 자연스러운 모습입니다. 성경은 하나님의 말씀을 통해 우리가 세상에서 어떤 모습으로 살아야 하는지를 교훈하고 있습니다. 성품공과의 목적은 도덕적으로 바람직한 인성을 교육하는 것이 아니라 말씀과 성령을 통해서 하나님의 신성한 성품에 참여하는 사람이 되게 하는 것입니다. 하나님의 성품을 닮아간다는 것은 결코 쉽지 않습니다. 하지만 이번 하품에품 공과시리즈를 통해서 우리의 삶 가운데 역사하시는 하나님을 닮아가는 기회가 되기를 소원합니다.

도서출판 한장연 대표 **김 해 용** 목사

CONTENTS

1 contents

1주~13주

14주~26주

2 contents

좋은 성품으로 변화되는 교회학교 공과

만화공과 활용 가이드

주

제목

본문 말씀

만화의 내용을 올바르게 이해할 수 있도록 성경을 찾아 천천히 읽습니다. 먼저 성경 말씀을 묵상함으로써 만화를 더욱 쉽고 재미있게 읽을 수 있습니다.

체크 박스

본문 말씀을 읽은 횟수를 체크합니다.

만화

성경 속의 성품 주제를 뽑아 만화로 재미있게 엮었습니다. 만화를 보며 먼저 읽은 성경 말씀 내용을 더욱 쉽게 이해할 수 있습니다. 만화 속에서 다음 페이지에 있는 문제의 답도 찾을 수 있습니다.

쪽 번호

년 월 일

핵심 말씀 사도행전 9장 36절 욥바에 다비다라 하는 여제자가 있으니 그 이름을 번역하면 도르가라 선행과 구제하는 일이 심히 많더니

01 무엇일까요?

□□라는 말은 남을 깊이 사랑하고 가엾게 여기는 것으로 무력하고 도움이 필요한 사람을 사랑하고 불쌍히 여기는 마음을 말한다. 사랑에 의해 동기가 부여되어 도움이 필요한 사람에게 베푸는 적극적인 도움이라고 할 수 있다. 자비로운 사람이 된다면 많은 사람들을 교회로 전도할 수 있다

02 풀어봐요!

1) 자비로웠던 □□□는 남몰래 어려운 이웃을 도와주며 착한 일을 많이 했어요.

2) 도르가가 갑자기 죽자 사람들은 □□□ 사도라면 그녀를 살릴 수 있다고 믿고 그에게 부탁했어요.

3) 모두 나가도록 한 후 베드로가 도르가에게 말하자 도르가는 다시 □□ 났어요.

4) 도르가가 다시 살아난 기적 때문에 초대교회는 더욱 □□ 하게 되었어요.

03 나누어봐요!

1) 착한 도르가는 평소에 어떻게 자비를 실천하며 살았나요?

2) 도르가가 다시 살아난 기적을 통해 하나님을 믿는 사람들과 하나님을 믿지 않던 사람들에게 어떤 변화가 있게 되었나요?

04 적용해봐요!

1) 내 주위의 어려운 친구는 누구이며 어떻게 도와줄 것인지 나누어보고 그대로 실천하세요.

2) 아직 교회 다니지 않는 친구에게 예쁜 전도지를 만들어서 전도글과 함께 전해주세요

05 기도해요!

사랑의 하나님! 우리도 도르가처럼 어려운 이웃을 돕고 자비를 실천해서 많은 친구와 이웃을 전도하게 해주세요.

단어풀이 부활 : 쇠하였던 것이 다시 일어나는 것

만화공과 11

● 핵심 말씀

오늘 공부할 핵심 말씀을 읽고 확인합니다.

● 무엇일까요?

오늘 공부할 성경 말씀 속 성품이 무엇인지 더욱 자세히 알아봅니다.

● 풀어봐요!

말씀에 관한 여러 가지 문제들을 풀면서 말씀을 더욱 자세히 생각합니다. 만화를 읽다보면 문제에 맞는 답을 찾을 수 있습니다. 잘 찾아보세요.

● 나누어봐요!

만화를 읽고 말씀을 풀어본 뒤 말씀 속 성품과 하나님에 대하여 좀 더 생각해 볼 수 있는 문제를 풀어봅니다.

● 적용해봐요!

일상생활에서 말씀이 어떻게 적용되어야 할지 생각하고 실천해봅니다.

● 기도해요!

오늘 말씀을 기억하고 말씀대로 살 수 있도록 기도합니다.

● 단어 풀이

본문을 보다 쉽게 이해하도록 도움을 주는 단어 해설입니다.

“
너희가 주의 인자하심을 맛보았으면 그리하라.
베드로전서 2장 3절
”

좋은 성품으로 변화되는 교회학교 공과

만화공과  학생용

01 자비를 기뻐하시는 하나님

본문말씀 사도행전 9장 36절 ~43절

말씀을 읽은 횟수만큼 체크해 보세요.

핵심 말씀 사도행전 9장 36절 욥바에 다비다라 하는 여제자가 있으니 그 이름을 번역하면 도르가라 선행과 구제하는 일이 심히 많더니

01 무엇일까요?

☐☐ 라는 말은 다른사람을 깊이 사랑하고 가엾게 여기는 것이랍니다. 힘이 없고 도움이 필요한 사람을 사랑하고 불쌍히 여기는 마음을 말하지요. 사랑에 의해 동기가 부여되어 도움이 필요한 사람에게 베푸는 적극적인 도움이라고 할 수 있어요. 자비로운 사람이 된다면 많은 사람들을 교회로 전도할 수 있어요.

02 풀어봐요!

1) 자비로웠던 ☐☐☐는 남몰래 어려운 이웃을 도와주며 착한 일을 많이 했어요.

2) 도르가가 갑자기 죽자 사람들은 ☐☐☐사도라면 그녀를 살릴 수 있다고 믿고 그에게 부탁했어요.

3) 모두 나가도록 한 후 베드로가 도르가에게 말하자 도르가는 다시 ☐☐났어요.

4) 도르가가 다시 살아난 기적 때문에 초대교회는 더욱 ☐☐하게 되었어요.

03 나누어봐요!

1) 착한 도르가는 평소에 어떻게 자비를 실천하며 살았나요?

2) 도르가가 다시 살아난 기적을 통해 하나님을 믿는 사람들과 하나님을 믿지 않던 사람들에게 어떤 변화가 있게 되었나요?

04 적용해봐요!

1) 내 주위의 어려운 친구는 누구이며 어떻게 도와줄 것인지 나누어보고 그대로 실천하세요.

2) 아직 교회 나니지 않는 친구에게 예쁜 전도지를 만들어서 전도글과 함께 전해 주세요.

05 기도해요!

사랑의 하나님! 저도 도르가처럼 어려운 이웃을 돕고 자비를 실천해서 많은 친구와 이웃을 전도하게 해주세요.

단어풀이 부흥 : 쇠하였던 것이 다시 일어나는 것

02

인자하신 하나님

본문말씀 시편 118편 1절, 베드로전서 2장 3절

말씀을 읽은 횟수만큼 체크해 보세요.

핵심 말씀 베드로전서 2장 3절 너희가 주의 인자하심을 맛보았으면 그리하라

01 무엇일까요?

☐☐ 라는 말은 일반사전에서는 마음이 어질고 자애로움이라고 표현합니다. 신학사전에서는 약속에 기초한 확고부동한 사랑이라고 하지요. 이것은 하나님의 성품을 말하는 것으로서 약속을 반드시 지키시는 변함없는 하나님의 사랑을 뜻하는 말이에요.

02 풀어봐요!

1) 하나님은 ☐☐에게 자신을 자비롭고, 은혜롭고, 화내기를 늦게 하고 ☐☐와 진실이 많다고 표현하셨어요.

2) 인자하신 하나님은 다윗을 도와서 거인 ☐☐☐을 이기게 해주셨어요.

3) 인자하신 하나님은 밤낮으로 울며 기도하는 다윗을 ☐☐해 주셨어요.

4) 예수님은 죄 때문에 죽을 수 밖에 없는 우리를 위해 ☐☐☐에서 대신 죽기까지 인자를 베푸셨어요.

03 나누어봐요!

1) 인자하신 하나님께서 죄를 용서해 주시려고 사람의 몸으로 오신 분이 누구인가요?

2) 예수님께서 십자가에서 죽기까지 인자를 베푸신 이유는 우리의 무엇 때문인가요?

04 적용해봐요!

1) 지금까지 살면서 언제 제일 하나님의 인자하심을 느꼈는지 생각하고 친구에게 말해 보세요.

2) 지난 일주일 동안 하나님께 감사했던 일들을 생각나는 대로 적어보세요.

05 기도해요!

하나님! 제가 잘할 때나 못할 때나 변함없이 주님의 인자하심으로 사랑해 주시고 용서해 주셔서 감사해요.

단어풀이 성품 : 사람의 성질이나 됨됨이, 성격

03 의롭게 하시는 하나님

본문말씀 로마서 3장 23절 ~26절

말씀을 읽은 횟수만큼 체크해 보세요. 1 2 3

2 하나님께서 예수 그리스도를 통해 우리를 죄에서 구하기로 하셨어요.

또한 예수 믿는 자를 의롭다 하려 하심이라 롬 3:26

3 아담과 하와가 죄를 짓고 에덴동산에서 쫓겨나 하나님과 멀어진 후에 사람들은 더 악해졌지요.

짜증나, 비켜!!

전쟁, 약탈…

뭐라고??

5 하지만 이 때문에 인간이 의롭게 되는 것은 아니어서 하나님께선 모든 죄를 용서해줄 방법을 보여 주셨어요.

내 아들을 보내 너희들의 죄를 대신하여 죽게 하리라.

8 예수님을 믿는 믿음 때문에 하나님이 보시기에 의로운 사람이 되는 거예요.

난 예수님을 믿어요.

십자가의 예수님을 믿는 난 의롭지요.

핵심 말씀 로마서 3장 26절 곧 이 때에 자기의 의로우심을 나타내사 자기도 의로우시며 또한 예수 믿는 자를 의롭다 하려 하심이라

01 무엇일까요?

☐☐☐라는 말은 예수님에 대한 믿음 때문에 죄에서 끊어지고 옳게 되는 것을 말합니다. 예수님의 완전한 의를 인정하심으로 죄인된 사람들의 죄를 용서하시고 예수님을 믿는 믿음을 통해 사람들을 옳다고 인정하시는 것을 뜻합니다.

02 풀어봐요!

1) 아담과 하와가 에덴동산에서 쫓겨난 후 하나님께 용서받으려면 깨끗한 동물을 잡아 ☐☐를 드려야 했어요.

2) 예수님은 이 땅에 오셔서 우리의 죄를 대신하여 ☐☐☐에서 피 흘려 죽으셨어요.

3) 우리 죄를 대신하여 죽으신 예수님을 ☐☐☐로 믿으면 우리는 의롭게 되어요.

4) 십자가의 예수님을 믿는 믿음 때문에 하나님 보시기에 ☐☐☐ 사람이 되는 거예요.

03 나누어봐요!

1) 에덴동산에서 쫓겨나고 하나님과 더 멀어진 사람들은 죄를 지은 후 하나님께 용서받으려면 어떻게 해야 했나요?

2) 이제 우리는 어떻게 하면 나의 나쁜 죄를 용서받고 의롭게 될 수 있나요?

04 적용해봐요!

1) 한 주간 어떤 잘못을 행했는지 적어보고 예수님께 잘못을 고백하는 회개 편지를 적어서 큰 소리로 읽어보세요.

2) 아직 예수님의 십자가 사랑을 믿지 않는 친구들 5명을 위해서 매일 3분씩 기도해 보세요.

05 기도해요!

사랑의 하나님! 예수님을 믿음으로 얻게된 의로움을 나의 삶 속에서 늘 실천하며 생활하는 ○○가 되게 해주세요.

단어풀이 제물 : 제사에 쓰이는 희생물

04 열심을 주신 하나님

본문말씀 골로새서 1장 3절~29절

말씀을 읽은 횟수만큼 체크해 보세요.

핵심 말씀 골로새서 1장 23절 만일 너희가 믿음에 거하고 터 위에 굳게 서서 너희 들은 바 복음의 소망에서 흔들리지 아니하면 그리하리라 이 복음은 천하 만민에게 전파된 바요 나 바울은 이 복음의 일꾼이 되었노라

01 무엇일까요?

☐☐이라는 말은 하는 일에 마음을 다해 힘쓰거나 어떤 일에 정신을 집중하는 것이에요. 우리는 하나님 나라와 복음 전하는 일에 열심을 다해야 합니다.

02 풀어봐요!

1) 성경에서 제일 열심히 전도하신 분은 사도 ☐☐이었어요.

2) 바울은 처음엔 믿는 사람들을 잡아 감옥에 가두던 사람이었지만 ☐☐☐으로 가던 날 주의 음성을 들었어요.

3) 바울의 열심에 화가 난 대제사장은 그를 감옥에 가두었지만 그는 그곳에서도 ☐☐했어요.

4) 바울의 열심 덕분에 그가 전도한 곳에 많은 ☐☐가 생겨났어요.

03 나누어봐요!

1) 예수님 믿는 사람들을 잡아 죽이던 바울이 어떻게 예수님을 전하는 전도자로 변화되었나요?

2) 바울은 전도하는 중에 어떤 어려움을 겪었나요?

04 적용해봐요!

1) 예수님의 일을 하다가 힘든 일을 당했던 경험을 친구들에게 이야기 해 보세요.

2) 한 주간 어떤 일에 열심을 낼 것인지 수첩이나 달력에 적어서 그대로 실천하세요.

05 기도해요!

사랑의 하나님! 저도 예수님을 만난 후에 새롭게 변한 사도 바울처럼 열심히 예수님을 전해서 예수님께 큰 칭찬받는 믿음의 일꾼이 되게 해주세요.

단어풀이 전도 : 복음을 전하는 것

05 보호해 주시는 하나님

본문말씀 출애굽기 13장 17절~22절

말씀을 읽은 횟수만큼 체크해 보세요.

2 3

② 성경에는 하나님의 보호로 헤매지 않고 안전하게 먼 길을 간 사람들이 있어요.

낮에는 구름기둥,
밤에는 불기둥이 백성 앞에서
떠나지 아니하리라
출 13:22

③ 보호란 위험이나 어려움이 오지 않도록 잘 지켜주는 것으로 하나님은 약한 이스라엘 백성들을 험한 길에서 보호해 주셨어요.

광야는 정말 험한 곳 이로구나!

뜨악…

핵심 말씀 출애굽기 13장 22절 낮에는 구름 기둥, 밤에는 불 기둥이 백성 앞에서 떠나지 아니하리라

01 무엇일까요?

☐☐라는 말은 약한 것을 돌보아 지키는 것이에요. 성경에서 보호라는 말은 주로 하나님이 그의 백성들을 돌보아 지켜주신다는 의미로 많이 사용되지요. 그리고 하나님이 구원하신 성도들을 완전한 구원에 이를 때까지 끝까지 지켜주신다는 의미를 담고 있어요.

02 풀어봐요!

1) 이스라엘 백성들은 종살이 하던 애굽을 나와 하나님이 약속하신 ☐☐☐을 향해 갔어요.

2) 하나님은 이스라엘 백성들을 안전하게 ☐☐하신다고 약속하셨어요.

3) 이스라엘 백성들이 불평할 때 하나님은 하늘에 ☐☐☐☐으로 시원한 그늘을 만들어 인도해 주셨어요.

4) 캄캄한 밤에는 ☐☐☐으로 어둔 밤을 밝히고 따뜻하게 지켜 주셨어요.

03 나누어봐요!

1) 하나님은 이스라엘 백성들을 가나안 땅까지 어떻게 보호하고 인도해 주셨나요?

2) 어렵고 힘든 일을 만나면 어떻게 해야 할까요?

04 적용해봐요!

1) 지금까지 하나님께 불평하며 짜증냈던 일들을 생각하며 회개의 기도문을 적어보세요.

2) 어려움 속에서 하나님이 나를 보호해 주셨던 일을 친구들 앞에서 발표해 보세요.

05 기도해요!

사랑의 하나님! 하나님의 돌보심과 도우심을 잊지 않고 믿음을 갖고 최선을 다하게 해주세요.

단어풀이 인도 : 길을 안내하거나 가르쳐 지킴

06

성실을 좋아 하시는 하나님

본문말씀 누가복음 2장 22절~35절

말씀을 읽은 횟수만큼 체크해 보세요. 1 2 3

② 시므온은 어릴 적부터 구세주를 기다리며 기도하다가 어른이 되었을 때 하나님의 분명한 약속을 받았어요.

시므온아, 네가 살아 있을 때 구세주를 볼 것이다.

오~ 주여! 내가 믿나이다.

④ 시므온은 하나님 약속을 믿고 끈기 있게 기다린 매우 성실한 사람이었어요.

주의 약속이 분명히 이루어 지리이다.

이런 모습이 바로 성실한 거구나.

정말 대단한 사람이네요.

⑥ 시므온은 아기 예수를 안고 감사의 찬양을 드렸어요.

내 눈이 주의 구원을 보았으니 이제 편히 죽을 수 있나이다.

⑦ 와~ 포기하지 않고 성실하게 기다린 보람이 있군요.

이제 우리는 다시 오실 주님을 성실하게 기다리면 만나겠지?

오~~ 그렇군요.

핵심 말씀 누가복음 2장 25절 예루살렘에 시므온이라 하는 사람이 있으니 이 사람은 의롭고 경건하여 이스라엘의 위로를 기다리는 자라 성령이 그 위에 계시더라

01 무엇일까요?

□□ 이라는 말은 거짓이 없고 참되다는 뜻이에요. 사람의 성품이나 행동의 특성을 나타내는 말이지요. 이것은 인격적인 관계를 형성하고 발전시키기 위해 필요한데요, 성경에서는 주로 하나님의 성품으로 언급되어 있어요.

02 풀어봐요!

1) 시므온은 어릴 적부터 구세주를 기다리며 기도하다가 어른이 되었을 때 죽기 전에 구세주를 볼 것이라는 하나님의 □□을 받았어요.

2) 시므온은 하나님의 약속을 믿고 끈기 있게 기도하며 기다린 □□ 한 사람이었어요.

3) 낙심치 않고 성전에서 기도하던 시므온은 결국 부모님 품에 안겨 성전에 들어오는 아기 □□를 만났어요.

4) 시므온은 아기 예수를 안고 하나님께 □□의 찬양을 드렸어요.

03 나누어봐요!

1) 하나님의 약속을 받은 시므온은 어떻게 구세주를 기다렸나요?

2) 우리는 다시 오실 예수님을 어떻게 기다려야 할까요?

04 적용해봐요!

1) 각자 가지고 있는 제일 큰 기도제목이 무엇인지 한 가지씩 발표하고 서로의 기도제목을 놓고 다 함께 기도해요

2) 하나님이 기뻐하시는 일이지만 힘들어서 포기하려 했던 계획이 있었다면 오늘부터 다시 실천해 보세요.

05 기도해요!

사랑의 하나님! 저도 시므온처럼 하나님의 약속을 믿고 성실하게 예수님을 기다려서 기쁨으로 다시 오실 예수님을 만나게 도와주세요.

단어풀이 **경건** : 하나님의 거룩한 성품을 닮는 것

07

거룩하신 하나님

본문말씀 베드로전서 1장 15절~16절
마태복음 16장 16절~19절

말씀을 읽은 횟수만큼 체크해 보세요.  2 3

핵심 말씀 베드로전서 1장 15절 오직 너희를 부르신 거룩한 이처럼 너희도 모든 행실에 거룩한 자가 되라

01 무엇일까요?

☐☐이라는 말은 더러움과 분리된 귀중하고 성스러운 상태로 하나님께만 있는 성품이에요. 그래서 이 세상에 있는 어떤 것도 그 자체만으로는 거룩하지 못하고 하나님과 관계될 때 거룩할 수 있지요. 거룩은 하나님의 속성 중 가장 중심을 이루는 말로 하나님의 백성들에게 첫 번째 요구되는 명령입니다.

02 풀어봐요!

1) 주는 그리스도시요 살아계신 하나님의 아들이라는 ☐☐☐의 고백에 예수님은 기뻐하시며 그에게 천국 열쇠를 맡기셨어요.

2) 오순절에 성령님을 만난 베드로는 ☐☐한 제자로 변화되었어요.

3) 베드로가 ☐☐으로 거룩하게 예수님을 전할 때 많은 사람들이 예수님을 믿게 되었어요.

4) 베드로의 설교를 듣고 수천 명이 자기 ☐를 뉘우치고 예수님을 믿기로 결심했어요.

03 나누어봐요!

1) 나를 누구라 생각하느냐는 예수님의 질문에 베드로가 뭐라고 대답했나요?

2) 거룩한 사람이 되려면 어떻게 해야 할까요?

04 적용해봐요!

1) 하나님 나라를 확장시키기 위해 한 주간 어떤 거룩한 삶을 살 것인지 생각하고 한 사람씩 말해보세요.

2) 성경말씀 속에서 내가 본받고 싶은 거룩한 사람을 찾고, 그 인물이 행한 거룩한 행동들을 적어 그대로 실천해 보세요.

05 기도해요!

사랑의 하나님! 나를 위해 죽으신 예수님을 믿고 거룩해져서 하나님 나라를 더욱 확장시키는 하나님의 자녀가 되게 해주세요.

단어풀이 **행실**: 사람의 성질이나 됨됨이, 성격

08 용서하시는 하나님

본문말씀 창세기 50장 19절~21절

말씀을 읽은 횟수만큼 체크해 보세요.

❷ 용서란 꾸짖거나 벌을 주지 않고 너그럽게 이해하는 것이에요. 우리의 모든 죄악을 용서하신 예수님의 사랑은 가장 큰 용서예요.

난 너무 더러운 사람이에요.

그래도 난 널 사랑하고 용서한단다.

죄

❹ 하지만 형들은 요셉이 자기들을 벌주고 죽일까봐 무서워 떨기만 했어요.

아이고~ 나리! 죽을 죄를 지었습니다.

제발 살려만 주십시오.

❺ 요셉은 형들이 자기에게 지은 죄를 모두 용서하고 오히려 두려워하는 형들을 위로해 주었어요.

당신들은 나를 해하려 하였으나 하나님은 그것을 선으로 바꾸사 오늘과 같이 많은 백성의 생명을 구원하게 하셨습니다.

핵심 말씀 창세기 50장 20절 당신들은 나를 해하려 하였으나 하나님은 그것을 선으로 바꾸사 오늘과 같이 많은 백성의 생명을 구원하게 하시려 하셨나니

01 무엇일까요?

☐☐라는 말은 꾸짖거나 벌을 주지 않고 너그럽게 살펴 이해하는 거예요. 하나님은 하나님의 뜻을 따라 나의 죄와 잘못을 꾸짖지 않고 너그럽게 봐주세요. 하나님의 용서를 받아들이면 삶의 태도도 바뀌게 되지요. 용서는 하나님을 사랑하는 것과 연결되어 있어서 용서받은 사람은 자기가 용서받은 만큼 하나님을 사랑하게 된답니다.

02 풀어봐요!

1) 우리의 모든 죄악을 용서하신 ☐☐☐의 사랑은 가장 큰 용서예요.

2) 요셉은 자기에게 죄를 지은 형들을 모두 ☐☐하고 위로해 주었어요.

3) 요셉은 모든 식구들을 자기가 사는 ☐☐으로 와서 살게 했어요.

4) 진정한 용서를 베푼 요셉을 보고 형들은 감동하고 하나님을 향한 ☐☐을 갖게 되었어요.

03 나누어봐요!

1) 애굽 총리가 된 요셉은 자기 앞에서 벌벌 떠는 형들을 보고 어떻게 했나요?

2) 동생 요셉에게 진정한 용서를 받은 형들은 어떤 마음을 가지게 되었나요?

04 적용해봐요!

1) 그동안 용서하지 못했던 친구에게 사랑을 담은 용서 편지를 써서 전해주세요.

2) 하나님 마음을 아프게 했던 일을 생각해서 발표해 보고 용서를 구하는 기도를 한 사람씩 돌아가며 기도해 보세요.

05 기도해요!

사랑의 하나님! 저희들도 요셉처럼 마음으로 용서하고 행동으로 용서해서 사랑을 실천하는 믿음의 자녀가 되게 해주세요.

단어풀이 감동 : 깊이 느껴 마음이 움직임

09

지혜를 주시는 하나님

본문말씀 열왕기상 3장 5절~28절

말씀을 읽은 횟수만큼 체크해 보세요.

년 월 일

핵심 말씀 열왕기상 3장 28절 온 이스라엘이 왕이 심리하여 판결함을 듣고 왕을 두려워하였으니 이는 하나님의 지혜가 그의 속에 있어 판결함을 봄이더라

01 무엇일까요?

☐☐라는 말은 사물의 도리나 선악을 잘 분별하는 마음의 작용을 말해요. 지혜는 근본적으로 하나님께 속한 것이고 하나님과 함께 할 때 얻을 수 있지요. 지혜는 그리스도인이 성숙하면서 하나님과 그의 뜻을 더욱 잘 알게 되는 은혜의 선물이며 그리스도를 통하여 얻을 수 있어요.

02 풀어봐요!

1) 솔로몬은 하나님께 백성들을 잘 다스릴 ☐☐를 구해서 하나님이 크게 칭찬해 주셨어요.

2) 하나님은 하나님을 사랑하고 말씀 순종에 힘쓰던 ☐☐☐과 같은 사람에게 놀라운 지혜를 주세요.

3) 솔로몬의 ☐☐을 끝까지 지켜본 사람들은 모두 솔로몬 왕의 지혜에 감탄했어요.

4) 하나님은 지혜를 구하는 ☐☐를 기뻐하세요.

03 나누어봐요!

1) 솔로몬 왕은 하나님께 무엇을 구했나요?

2) 솔로몬의 기도를 기뻐하신 하나님은 솔로몬에게 지혜와 함께 무엇도 주셨나요?

04 적용해봐요!

1) 매일 아침 눈을 뜨자마자 하나님께 지혜를 구하는 기도를 드려보세요.

2) 내 힘으로 해결하기 힘든 문제들을 고백해 보고 그 문제를 해결하는 방법을 친구들과 함께 상의해 보세요.

05 기도해요!

사랑의 하나님! 저희들 모두가 하나님이 주시는 지혜로 하나님을 기쁘시게 하는 지혜로운 자녀가 되게 해주세요.

단어풀이 **감탄** : 마음속 깊이 느끼거나 놀라 칭찬하다

10

죄를 싫어 하시는 하나님

본문말씀 창세기 19장 23절~29절

말씀을 읽은 횟수만큼 체크해 보세요.

핵심 말씀 창세기 19장 24절 여호와께서 하늘 곧 여호와께로부터 유황과 불을 소돔과 고모라에 비같이 내리사

01 무엇일까요?

☐☐☐라는 말은 냉혹하고 모질다는 뜻이에요. 자비가 없고 사랑을 전혀 찾아볼 수 없는 것을 말하지요. 하나님은 죄를 싫어하시기 때문에 무자비한 사람들에게 무섭게 벌을 주신답니다.

02 풀어봐요!

1) 아브라함의 조카 롯이 사는 ☐☐과 ☐☐☐는 무자비한 사람들만 가득했어요.

2) 천사의 말을 들은 롯은 마을이 ☐☐☐가 될 것을 알렸지만 친척들과 사위들은 비웃었어요.

3) 천사의 경고를 무시하고 뒤돌아본 롯의 아내는 ☐☐☐☐이 되고 롯과 두 딸만 살아남았어요.

4) 하나님은 하나님 말씀대로 사는 사람에게 은혜를 주시지만 무자비한 사람들은 ☐☐하세요.

03 나누어봐요!

1) 소돔과 고모라는 어떤 사람들로 가득하게 되었나요?

2) 하나님은 하나님 말씀을 따르지 않고 무자비하게 사는 사람들에게 어떻게 하시나요?

04 적용해봐요!

1) 내 주위에 하나님 마음을 아프게 하는 친구가 있다면 어떻게 해야 하는지 나누어보고 그대로 실천하세요.

2) 나의 동네는 소돔과 고모라와 같지 않은지 생각해 보고 나의 동네를 위해서 하루에 3분씩 기도해요.

05 기도해요!

사랑의 하나님! 하나님 마음을 아프게 하지 않고 하나님 말씀대로 살아서 하나님께 칭찬받고 하나님을 기쁘시게 하는 믿음의 자녀가 되게 해주세요.

단어풀이 **경고** : 조심하도록 미리 주의를 줌

교만을 아파 하시는 하나님

본문말씀 창세기 11장 3절~9절

말씀을 읽은 횟수만큼 체크해 보세요. 1 2 3

핵심 말씀 창세기 11장 4절 또 말하되 자, 성읍과 탑을 건설하여 그 탑 꼭대기를 하늘에 닿게 하여 우리 이름을 내고 온 지면에 흩어짐을 면하자 하였더니

01 무엇일까요?

☐☐이라는 말은 잘난 체 하며 방자하게 뽐내는 것을 뜻해요. 성경에서의 교만은 하나님의 뜻을 행하지 않는 것을 말하지요. 하나님은 교만한 성품을 싫어하셔서 교만한 자의 오만을 끊으시며 거만을 낮추기 원하신다고 하셨어요.

02 풀어봐요!

1) 한 가지 언어를 쓰던 사람들은 하나님보다 높아지려는 ☐☐함이 매우 강해서 탑을 쌓기 시작했어요.

2) 탑을 쌓을수록 잘난 체하는 사람들에게 화가 나신 ☐☐☐은 사람들이 서로 말을 알아들을 수 없게 하셨어요.

3) 말이 통하지 않아 혼란 속에 싸우던 사람들은 서로 말이 통하는 자들끼리만 모이고 전체 ☐☐☐☐되었어요.

4) 쌓다가 그만 둔 탑의 이름은 '혼란'이라는 뜻의 ☐☐☐이라고 부르게 되었어요.

03 나누어봐요!

1) 한 가지 언어를 쓰던 사람들이 왜 높은 탑을 쌓기 시작했나요?

2) 하나님은 하늘까지 닿는 높은 탑을 쌓으며 잘난 체 하는 사람들을 보시고 어떻게 하셨나요?

04 적용해봐요!

1) 하나님을 높이며 감사하는 말을 한 마디씩 돌아가며 고백해 보세요.

2) 옆 친구가 잘하는 것을 한 가지씩 칭찬하고 껴안아주세요.

05 기도해요!

사랑의 하나님! 하나님보다 높아지려는 교만한 마음을 버리고 겸손하게 살아서 축복받는 삶을 살게 해주세요.

단어풀이 혼란 : 일 따위가 갈피를 잡을 수가 없게 뒤섞여 어지러움

12 악한 마음을 원치 않으시는 하나님

본문말씀 사무엘상 15장 11절~27절

말씀을 읽은 횟수만큼 체크해 보세요.

  3

핵심 말씀 사무엘상 15장 11절 내가 사울을 왕으로 세운 것을 후회하노니 그가 돌이켜서 나를 따르지 아니하며 내 명령을 행하지 아니하였음이니라 하신지라 사무엘이 근심하여 온 밤을 여호와께 부르짖으니라

01 무엇일까요?

☐☐이라는 말은 마음에 들지 않고 못마땅해서 불만을 드러내는 생각과 행동을 하는 것이에요. 하나님은 겉모습뿐만 아니라 속마음까지 보시는 분이세요. 하나님은 악한 성품을 가진 사람을 보고 슬퍼하시며 마음 아파하신답니다.

02 풀어봐요!

1) 이스라엘 백성들은 하나님께 불평하며 왕을 달라고 ☐☐☐ 선지자를 졸랐어요.

2) 하나님은 백성들의 요구를 들으시고 ☐☐을 왕으로 세워주셨어요.

3) 처음에 하나님 뜻대로 살던 사울 왕은 점점 아주 ☐☐☐ 변해버렸어요.

4) 결국 하나님은 사울을 버리고 이스라엘의 새 왕으로 ☐☐을 세우셨는데 그는 하나님 마음에 드는 자였어요.

03 나누어봐요!

1) 이스라엘 백성들이 왕을 달라고 조르자 하나님은 누구를 왕으로 세워주셨나요?

2) 하나님의 뜻대로 살던 사울 왕은 점점 어떻게 변하게 되었나요?

04 적용해봐요!

1) 우리나라 대통령을 뽑는다면 제일 먼저 무엇을 볼 것인지, 그 이유는 무엇인지 돌아가며 말해 보세요.

2) 하나님이 원하지 않는 악한 마음은 무엇이 있을지 10가지를 적어보고 일주일 동안 그런 마음을 갖지 않기로 해요.

05 기도해요!

사랑의 하나님! 저희들이 속마음을 아름답게 가꿔서 하나님께 계속 쓰임 받는 하나님의 멋진 일꾼들이 되게 해주세요.

단어풀이 **불쾌**: 못마땅하여 기분이 좋지 않다

13

화내는 것을 싫어하시는 하나님

본문말씀 누가복음 10장 38절~42절

말씀을 읽은 횟수만큼 체크해 보세요.

핵심 말씀 누가복음 10장 40절 마르다는 준비하는 일이 많아 마음이 분주한지라 예수께 나아가 이르되 주여 내 동생이 나 혼자 일하게 두는 것을 생각하지 아니하시나이까 그를 명하사 나를 도와 주라 하소서

01 무엇일까요?

☐☐이라는 말은 못마땅하거나 기분이 나빠서 화내는 걸 말해요. 하나님의 일을 할 때는 성내지 말고 기쁘고 즐거운 마음으로 해야 합니다. 성내는 사람은 악하고 어리석은 일을 행하게 되며 다툼을 일으켜요. 이들은 결국 벌을 받으며 하나님의 의를 이루지 못하지요.

02 풀어봐요!

1) 마르다와 마리아는 ☐☐☐을 초청한 날 많은 사람들이 찾아와서 아주 바빴어요.

2) ☐☐☐와 사람들은 예수님 말씀 듣느라 시간 가는 줄 몰랐지만 ☐☐☐는 음식 대접하느라 힘들었어요.

3) 결국 마르다는 크게 ☐☐☐말았어요.

4) 예수님은 마르다에게 대접하는 일보다 ☐☐을 듣는 것이 더 중요하다고 알려주셨어요.

03 나누어봐요!

1) 예수님은 누구의 집에 초대 받으셨나요?

2) 마르다와 마리아 중에서 더 중요한 일을 한 사람은 누구인가요?

04 적용해봐요!

1) 나는 언제 친구와 이웃에게 성내며 짜증냈는지 한 사람씩 돌아가며 이야기해 보고 반성하는 시간을 가져요.

2) 교회에서 어느 시간이 가장 기쁘고 즐거운지 생각해 보고 말씀을 더욱 사모하는 마음을 갖도록 기도해요.

05 기도해요!

사랑의 예수님! 저희들 모두가 예수님이 기뻐하시는 중요한 일들을 먼저 즐거운 마음으로 하도록 믿음을 주세요.

단어풀이 **대접**: 손님을 맞아 친절히 대우하는 행위

14

게으름을 경계하시는 하나님

본문말씀 마태복음 25장 14절~30절

말씀을 읽은 횟수만큼 체크해 보세요. 1 2 3

핵심 말씀 마태복음 25장 26절 그 주인이 대답하여 이르되 악하고 게으른 종아 나는 심지 않은 데서 거두고 해치지 않은 데서 모으는 줄로 네가 알았느냐

01 무엇일까요?

☐☐☐이라는 말은 행동이 느리고 일하기 싫어하는 성미나 성격, 버릇을 말해요. 게으른 사람은 어리석어서 재앙이 임박했는데도 여전히 깨닫지 못하고 일하기를 싫어하며 핑계대기를 좋아하지요. 성경에서는 게으른 자는 가난해지고 버림을 받는다고 말하고 있어요.

02 풀어봐요!

1) 한 주인이 세 명의 종들에게 열심히 일하라며 각각 ☐☐달란트, ☐달란트, ☐달란트를 맡기고 떠났어요.

2) 두 종은 열심히 일했지만 ☐달란트 받은 종은 그냥 땅에 묻어 두었어요.

3) 집에 돌아온 주인에게 두 종은 각각 ☐달란트, ☐달란트를 보여드려 칭찬받았어요.

4) 하지만 한 달란트를 땅 속에 묻어두었던 종은 한 달란트마저 뺏긴 채 주인에게 ☐☐났어요.

03 나누어봐요!

1) 종들은 주인에게 받은 달란트로 각각 몇 달란트씩 남겼나요?

2) 한 달란트 받은 종은 주인에게 어떤 벌을 받게 되었나요?

04 적용해봐요!

1) 나는 하나님께 어떤 재능을 선물로 받았는지 한 사람씩 돌아가며 나누고, 하나님께 받은 재능은 어떻게 잘 활용할 것인지 발표하고 그대로 실천하세요.

2) 그동안 게으름 피웠던 일은 없었는지 생각하고 다시는 똑같은 게으른 행동으로 하나님 마음을 아프게 하는 일이 없도록 노력해 보세요.

05 기도해요!

하나님! 하나님이 주신 재능으로 게으름 피우지 않고 부지런히 노력해서 하나님께 큰 칭찬받게 해주세요.

단어풀이 **당부** : 말로 강하게 부탁함

15

미워하는 것을 아파하시는 하나님

본문말씀 사무엘상 18장 6절~16절

말씀을 읽은 횟수만큼 체크해 보세요.   1 2 3

핵심 말씀 사무엘상 18장 8절 사울이 그 말에 불쾌하여 심히 노하여 이르되 다윗에게는 만만을 돌리고 내게는 천천만 돌리니 그가 더 얻을 것이 나라 말고 무엇이냐 하고

01 무엇일까요?

☐☐이라는 말은 싫어하는 마음을 말해요. 보통은 사람이나 사물에 대해 미워하는 감정을 말하지만 성경에서는 의지적인 면에 더욱 강조했어요. 즉, 미워한다는 것은 무엇인가를 의지적으로 거부한다는 의미가 들어있지요.

02 풀어봐요!

1) ☐☐이 골리앗을 쓰러뜨리자 백성들은 환호했고 그의 친구 요나단 왕자도 그를 매우 칭찬했어요.

2) 하지만 ☐☐ 왕은 다윗을 미워해서 죽이려 했고 그것 때문에 ☐☐☐은 마음이 아팠어요.

3) 하나님은 ☐☐으로 가득 찬 사울 왕을 버리시고 다윗을 선택하셨어요.

4) 결국 사울 왕이 미워하고 시기하던 다윗이 37세에 이스라엘의 ☐이 되었어요.

03 나누어봐요!

1) 다윗은 이스라엘 백성들 사이에서 왜 인기가 높아지게 되었나요?

2) 다윗을 미워하고 시기하게 된 사울 왕은 기회만 있으면 다윗을 어떻게 하려 했나요?

04 적용해봐요!

1) 그동안 시기하고 미워했던 친구가 있었다면 그 친구를 위해서 기도하고 사랑편지를 적어서 작은 선물과 함께 전해주세요.

2) 서로 싫어하며 친하게 지내지 않는 친구들이 있다면 일주일동안 그 친구들이 화해하도록 도와주며 중보기도해 주세요.

05 기도해요!

하나님! 저희들 모두가 미움과 시기의 마음을 버리고 하나님을 본받아 사랑의 마음을 전하는 하나님의 자녀가 되게 해주세요.

단어풀이 원수 : 자기나 자기 집에 해를 입혀 원한이 맺히게 된 사람이나 집단

16 절제하기 원하시는 하나님

본문말씀 사사기 13장 5절, 16장 4절~30절

말씀을 읽은 횟수만큼 체크해 보세요. 1 2 3

핵심 말씀 사사기 16장 17절 삼손이 진심을 드러내어 그에게 이르되 내 머리 위에는 삭도를 대지 아니하였나니 이는 내가 모태에서부터 하나님의 나실인이 되었음이라 만일 내 머리가 밀리면 내 힘이 내게서 떠나고 나는 약해져서 다른 사람과 같으리라 하니라

01 무엇일까요?

☐☐☐라는 말은 자신의 행동을 지배하는 능력이나 정욕을 통제하는 능력이 없는 것을 뜻해요. 자신을 다스리지 못하기 때문에 삶에 있어서도 계획성이 없고 생활의 원칙과 질서도 없어서 남에게 누를 끼치게 되지요. 무절제한 사람은 씀씀이도 헤프고 지도자의 위치에 설 수 없어요.

02 풀어봐요!

1) 마노아의 아내에게 천사가 나타나 아들이 태어나면 술과 더러운 음식을 먹이지 말고 ☐☐☐☐도 절대 자르지 말라고 했어요.

2) 그녀의 아들 ☐☐은 이스라엘의 자랑이었고 이웃나라 블레셋은 힘센 삼손을 아주 두려워했어요.

3) 여자에 대한 정욕을 절제하지 못한 삼손은 자기가 사랑하는 블레셋 여자 ☐☐☐에게 자기 힘의 비밀을 말해버렸어요.

4) 들릴라는 삼손이 잘 때 머리카락을 잘랐고 블레셋 병사들은 ☐이 빠진 삼손을 붙잡아 두 눈을 뽑고 노예로 삼았어요.

03 나누어봐요!

1) 아기를 달라고 매일 기도하던 마노아의 아내에게 천사가 나타나 뭐라고 말했나요?

2) 이스라엘의 자랑이던 삼손은 왜 힘이 빠지고 약해지게 되었나요?

04 적용해봐요!

1) 지금 가장 절제하기 힘든 일은 무엇인지 한 사람씩 돌아가며 이야기하고 그런 일들을 절제하기 좋은 방법은 무엇인지 서로 말해 주세요.

2) 무절제한 식생활이나 TV 프로그램 시청, 친구들과의 교제, 무절제한 소비를 막도록 하루 생활 계획표를 짜서 그대로 실천해 보세요.

05 기도해요!

하나님! 성경말씀을 통해 자기 절제를 잘하여서 하나님께 쓰임 받고 늘 승리하는 믿음의 사람이 되게 해주세요.

단어풀이 **통제** : 일정한 목적에 따라 행동을 조절함

17

불평을 기뻐하지 않으시는 하나님

본문말씀 출애굽기 16장 1절~31절

말씀을 읽은 횟수만큼 체크해 보세요.

핵심 말씀 출애굽기 16장 2~3절 이스라엘 자손 온 회중이 그 광야에서 모세와 아론을 원망하여 이스라엘 자손이 그들에게 이르되 우리가 애굽 땅에서 고기 가마 곁에 앉아 있던 때와 떡을 배불리 먹던 때에 여호와의 손에 죽었더라면 좋았을 것을 너희가 이 광야로 우리를 인도해 내어 이 온 회중이 주려 죽게 하는도다

01 무엇일까요?

□□이라는 말은 마음에 들거나 차지 않아 못마땅하게 여기는 것이에요. 하나님은 불평하는 마음을 싫어하시죠. 불평불만으로 가득 차 있다면 전능하신 하나님의 마음을 아프게 하는 것이에요. 불평은 하나님께 대들고 대항하는 것이므로 우리의 입에서 끊어버려야 돼요. 불평을 할수록 감사가 사라지고, 하나님의 은혜를 바라보지 못한답니다.

02 풀어봐요!

1) 이스라엘 백성이 광야를 지날 때에 뜨거운 태양열로 불평하자 하나님은 □□□□을 보내주셨어요.

2) 이스라엘 백성들은 밤에 춥게 되어서 다시 불평하자 하나님은 □□□을 보내주셨어요.

3) 먹을 것이 다 떨어져서 백성들이 더 크게 불평하자 하나님은 하늘에서 맛있는 양식과 □□□□를 내려 주셨어요.

4) 하나님을 □□하는 이스라엘 백성들이었지만 하나님은 늘 사랑으로 지켜주시고 돌봐주셨어요.

03 나누어봐요!

1) 이스라엘 백성들이 갈 길을 모르고 불평하자 하나님은 무엇으로 길을 안내하며 보호해 주셨나요?

2) 준비한 음식이 모두 떨어져서 이스라엘 백성들이 하나님께 불평할 때 하나님은 무엇을 보내 주셨나요?

04 적용해봐요!

1) 힘들고 어려울 때에도 하나님을 원망하거나 불평하면 안돼요. 하나님께 감사하는 습관을 갖기 위해 매일 감사노트에 하나님께 감사한 일을 10가지씩 적어보세요.

2) 매일 아침에 눈을 뜨고 일어나면 방긋 웃고 감사 찬양을 부르며 하루를 시작해요.

05 기도해요!

하나님! 늘 함께 하시며 사랑으로 돌봐주셔서 감사합니다. 하나님 사랑을 잊지 않고 불평 없이 감사하는 멋진 하나님의 백성이 되게 해주세요.

단어풀이 **원망** : 못마땅하게 여겨 탓하거나 불평을 품고 미워함

18

다툼을 원치 않으시는 하나님

본문말씀 창세기 26장 12절~33절

말씀을 읽은 횟수만큼 체크해 보세요. 1 2 3

핵심 말씀 창세기 26장 28절~29절 그들이 이르되 여호와께서 너와 함께 계심을 우리가 분명히 보았으므로 우리의 사이 곧 우리와 너 사이에 맹세하여 계약을 맺으리라 말하였노라 너는 우리를 해하지 말라 이는 우리가 너를 범하지 아니하고 선한 일만 네게 행하여 네가 평안히 가게 하였음이니라 이제 너는 여호와께 복을 받은 자니라

01 무엇일까요?

□□이라는 말은 의견이나 이해가 달라 옥신각신 싸우는 것을 뜻하는 말이에요. 미리 자신의 의견을 정해 놓고 다툼에 임하는 것은 어리석은 행동이이요. 또한 다툴 때 미리 함정을 파놓고 일부러 그쪽으로 유도해서도 안 돼요. 하나님은 다투는 것을 원치 않으시고 자연스럽게 합의점을 찾기 바라세요.

02 풀어봐요!

1) 부자가 된 □□을 시기한 마을 사람들은 이삭의 우물을 흙으로 묻어버리며 싸움을 걸어왔어요.

2) 이삭은 속상했지만 우물을 □□하고 다른 자리로 옮겨 다시 새로운 우물을 팠어요.

3) 이번엔 그곳 목자들이 싸움을 걸어왔지만 이삭이 □□을 피해 이사했더니 또 우물을 얻게 됐어요.

4) 이삭이 계속해서 우물을 얻는 것을 보고 마을 사람들은 □□□이 살아 계시다는 것을 알게 됐어요.

03 나누어봐요!

1) 이삭이 열심히 일해서 농사가 큰 풍년이 들자 이삭을 시기하는 마을 사람들은 어떻게 했나요?

2) 이삭을 시기하던 악한 마을 사람들은 어떻게 이삭이 믿는 하나님이 살아계신 참 신이란 것을 알게 되었나요?

04 적용해봐요!

1) 좋은 것을 친구와 이웃에게 양보하면 하나님이 기뻐하시고 축복해주세요. 내가 사랑하는 사람에게만 양보하지 말고 날 힘들게 하고 괴롭히는 사람에게도 양보하고 사랑을 실천하세요.

2) 이번 한 주간 친구에게 화내고 싸울 일이 생기더라도 참고 양보하며 그 친구를 안아주면서 "사랑해!"라고 말하세요.

05 기도해요!

하나님! 이삭처럼 다투지 않고 양보하며 살아서 하나님께 축복받는 믿음의 자녀가 되게 해주세요.

단어풀이 기적 : 상식을 벗어난 기이하고 놀라운 일

19

심령이 가난한 자를 찾으시는 하나님

본문말씀 마가복음 12장 41절~44절, 고린도후서 9장 7절

말씀을 읽은 횟수만큼 체크해 보세요. 1 2 3

❻ 예수님은, 부자는 자기 재산 중에 작은 일부를 드렸지만 과부는 전 재산을 기쁨으로 드린 것이라고 설명해주셨어요.

많은 돈보다 마음이 정말로 중요한 거죠.

핵심 말씀 고린도후서 9장 7절 각각 그 마음에 정한 대로 할 것이요 인색함으로나 억지로 하지 말지니 하나님은 즐겨 내는 자를 사랑하시느니라

01 무엇일까요?

□□□ □□이라는 말은 겸소하고 소박한 마음을 뜻해요. 자신을 방어할 만한 힘, 권리, 영향력이 없어서 이 세상에서 힘든 생활 속에 있지만 그럼에도 불구하고 하나님으로 인해 희망을 잃지 않고 겸손하게 사는 것을 말해요.

02 풀어봐요!

1) 한 □□가 헌금할 때에 많은 돈을 자랑하며 헌금함에 넣었어요.

2) 그 때 한 가난한 □□가 십 원짜리 동전 두 개를 헌금함에 넣었어요.

3) 사람들은 과부를 비웃었지만 예수님은 제자들에게 오늘 이 과부가 가장 많은 □□을 드린 자라고 말씀하셨어요.

4) 예수님은 전 재산을 기쁨으로 드린 □□□ 심령을 지닌 과부를 기뻐하셨어요.

03 나누어봐요!

1) 예수님은 오늘 헌금을 가장 많이 드린 자는 누구라 하셨나요?

2) 하나님은 헌금 드리는 사람의 무엇을 보신다고 하셨나요?

04 적용해봐요!

1) 하나님은 적은 돈이라도 진실한 마음으로, 정성껏 드리는 헌금을 기뻐하세요. 일주일동안 기도하는 마음으로 하나님께 드릴 헌금을 매일 모아서 주일에 정성껏 헌금 드려요.

2) 하나님은 헌금의 양보다 마음을 보세요. 헌금을 드릴 때 나의 자세를 반듯하게 하고 두 손 모아 정성껏 드리도록 해요.

05 기도해요!

하나님! 저희들이 가난한 심령으로 하나님께 나의 것을 드릴 때 저희들의 마음을 기쁘게 받아주시고 크신 축복 내려주세요.

단어풀이 심령: 마음과 영혼

20

애통하는 자에게 참 기쁨을 주시는 하나님

본문말씀 마가복음 16장 1절~8절

말씀을 읽은 횟수만큼 체크해 보세요.

핵심 말씀 마가복음 16장 6절 청년이 이르되 놀라지 말라 너희가 십자가에 못 박히신 나사렛 예수를 찾는구나 그가 살아나셨고 여기 계시지 아니하니라 보라 그를 두었던 곳이니라

01 무엇일까요?

□□이라는 말은 몹시 애달프게 슬퍼하는 것을 말해요. 사랑하는 사람의 죽음을 경험하거나 다른 비극적인 상황과 연관된 감정과 행동을 뜻하지요. 예수님은 애통하는 자가 복이 있다 하셨는데 여기서 애통하는 자란 자기들의 부족함과 죄성을 인정하고 능히 도와주실 수 있는 하나님께 자신을 맡기는 사람들을 말해요.

02 풀어봐요!

1) 예수님이 돌아가신지 사흘 째 새벽에 예수님 무덤을 찾은 □ □□은 예수님 무덤이 비어 있는 것을 보았어요.

2) 슬퍼하는 세 여인에게 □□□이 나타나 예수님이 다시 사셨다는 놀라운 소식을 전해주었어요.

3) 슬픔이 기쁨으로 바뀐 세 여인은 온 동네를 뛰어다니며 예수님의 □□ 소식을 전했어요.

4) 예수님이 다시 사셨다는 부활 소식이 □□하던 세 여인을 기쁘게 만든 거예요.

03 나누어봐요!

1) 예수님이 돌아가신지 사흘째 되는 날 새벽에 예수님 무덤을 찾아간 사람들은 누구였나요?

2) 천사들에게 예수님의 부활 소식을 전해들은 세 여인은 무엇을 했나요?

04 적용해봐요!

1) 내 주위에 힘들고 어려워하는 친구가 있다면 그 친구를 위해서 기도해 주고 그 친구에게 부활하신 예수님에 대한 기쁜 소식을 편지로 적어서 선물과 함께 전해 주세요.

2) 힘들고 지칠 때마다 나를 위해 십자가에 돌아가신 예수님께 감사하는 찬양을 큰 소리로 불러보세요. 한 주간 기쁜 찬양을 부르며 친구에게 사랑의 예수님을 전해서 다음 주에는 기쁜 마음으로 친구와 함께 교회에 나오세요.

05 기도해요!

하나님! 어렵고 힘들 때도 슬퍼하지 말고 예수님이 다시 살아나신 승리의 기쁜 소식을 믿고 이겨나가게 해주세요.

단어풀이 **부활**: 죽었다가 다시 영원히 살아나는 것

21 예수님처럼 온유하기 원하시는 하나님

본문말씀 요한복음 13장 1절~20절

말씀을 읽은 횟수만큼 체크해 보세요.

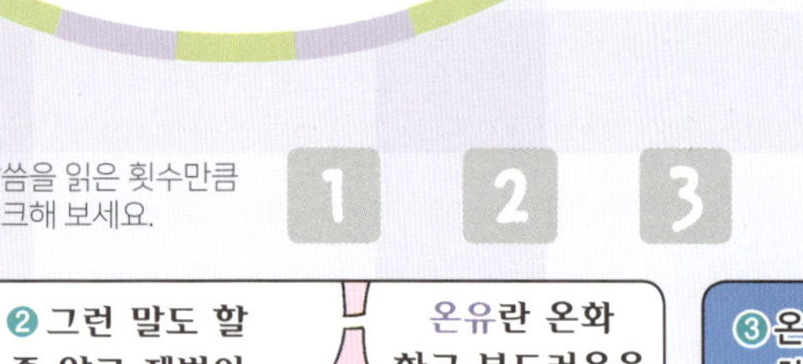

❶ 왜 지난주에 내준 숙제 안 해왔니? 선생님한테 혼날래?

흑흑… 왜 저희들을 혼내기만 하세요? 예수님처럼 온유해 보세요.

아이-녀석들 봐라?

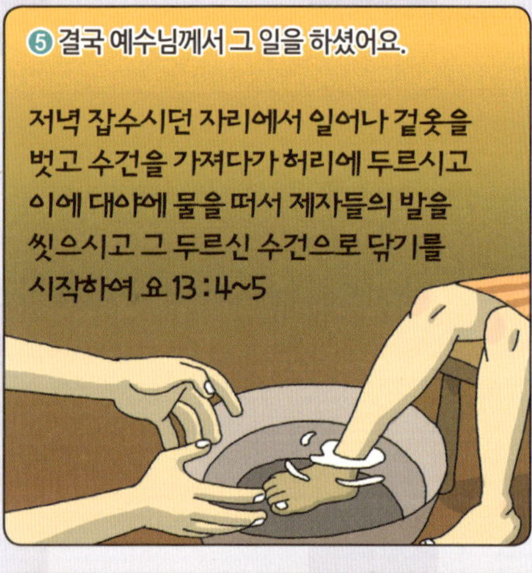

핵심 말씀 요한복음 13장 4~5절 저녁 잡수시던 자리에서 일어나 겉옷을 벗고 수건을 가져다가 허리에 두르시고 이에 대야에 물을 떠서 제자들의 발을 씻으시고 그 두르신 수건으로 닦기를 시작하여

01 무엇일까요?

__ __라는 말은 사람의 표정이나 성질이 온화하고 부드러운 것을 뜻합니다. 온유한 자는 외모로는 유순하나 죄, 불의에 대하여는 강경한 사람을 말해요. 또한 타인에 대하여 관대하며 죄인에 대하여 회개할 때까지 인내하는 사람을 가리키지요.

02 풀어봐요!

1) 유월절 전날 제자들이 __ __ __에 함께 모였지만 아무도 발을 씻어주는 사람이 없었어요.

2) 결국 __ __ __이 대야에 물을 떠서 더럽고 냄새나는 제자들의 발을 씻어주셨고 제자들은 예수님께 너무나 죄송했어요.

3) __ __ __는 예수님이 제자들의 발 씻기는 것이 옳지 않다고 말했지만 예수님은 이렇게 하지 않으면 제자들과 상관이 없다고 하셨어요.

4) 제자들은 낮은 사람을 섬기시는 예수님의 __ __한 모습에 큰 감동을 받았어요.

03 나누어봐요!

1) 유월절 전날 예수님과 함께 다락방에 모인 제자들이 아무도 발을 씻어주려 하지 않을 때 누가 제자들의 발을 씻어주었나요?

2) 예수님께 손과 머리까지도 씻어달라는 베드로에게 예수님은 뭐라고 가르쳐 주셨나요?

04 적용해봐요!

1) 제자들에게 말로만 가르치신 것이 아니라 직접 온유와 섬김의 본을 보이신 예수님을 본받아 우리도 겸손히 친구를 섬기며 사랑하겠다는 의미로 세족식을 해보아요.

2) 어떤 모습이 온유한 모습인지 한 사람씩 돌아가며 발표하고 그대로 한 주간 온유한 생각과 생활을 실천하세요.

05 기도해요!

하나님! 저희들도 예수님을 본받아 온유한 마음을 가지고 사랑을 실천하는 아름다운 예수님의 제자가 되게 해주세요.

단어풀이 **다락방**: 평평한 지붕 위에 만들어진 방

22

의에 주리고 목마른 자를 만나시는 하나님

본문말씀 마태복음 1장 18절~25절

말씀을 읽은 횟수만큼 체크해 보세요. 1 2 3

❼ 요셉은 마리아에게 달려가 천사의 말을 전했고, 두 사람은 결혼했어요. 그리고 마리아에게서 아기 예수가 태어났어요.

천사가 아기 이름을 예수라 하라고 하였소.

제게도 말했죠. 죄인들을 구원할 구원자라고요.

핵심 말씀 마태복음 1장 19절 그의 남편 요셉은 의로운 사람이라 그를 드러내지 아니하고 가만히 끊고자 하여

01 무엇일까요?

☐☐ ☐☐☐ ☐☐☐☐ ☐라는 말은 옳은 행위를 바라며 행하는 사람으로 그리스도의 의를 힘입어 죄를 용서받은 사람을 뜻하는 말이에요. 의에 주리고 목마른 자는 하나님과 가까워지기를 원하고 말씀 듣기를 기뻐해요. 그리고 죄에서 떠나 예수님 안에서 새 사람이 되도록 노력하지요.

02 풀어봐요!

1) 마리아와 약혼한 요셉은 결혼도 안한 마리아가 ☐☐를 가졌다는 놀라운 말을 들었어요.

2) 의로운 ☐☐은 소문이 나면 마리아가 위험해질 것을 알고 마리아와 조용히 헤어지기로 마음먹었어요.

3) 요셉은 꿈에 천사가 나타나 마리아의 아기는 ☐☐으로 된 것이니 마리아와 결혼하라는 말을 들었어요.

4) 의에 주리고 목마른 요셉은 천사의 말대로 마리아와 결혼했어요. 그리고 마리아에게서 아기 ☐☐가 태어났어요.

03 나누어봐요!

1) 마리아가 아기를 가졌다는 말을 듣고 요셉은 어떻게 했나요?

2) 요셉의 꿈에 나타난 천사는 어떤 소식을 알려주었나요?

04 적용해봐요!

1) 하나님의 옳은 뜻을 알기 위해 하루에 한 장씩 성경말씀을 찾아 읽고, 그 가운데 은혜로운 구절을 큰 소리로 읽은 후 매일 친한 친구 5명에게 문자로 전해 주세요.

2) 믿음으로 끝까지 하나님 뜻을 따를 때 하나님은 크신 축복을 내려주세요. 하나님의 뜻을 바로 깨달았다면 그 뜻을 기쁜 마음으로 실천하고 친구와 이웃에게도 전해 주세요.

05 기도해요!

하나님! 저도 요셉처럼 의로운 삶 속에 하나님의 뜻을 기쁜 마음으로 순종해서 하나님께 큰 축복을 받게 해 주세요.

단어풀이 순종 : 말하는 대로 따르는 것

23

긍휼히 여기는 자를 사랑하시는 하나님

본문말씀 누가복음 10장 25절~37절

말씀을 읽은 횟수만큼
체크해 보세요.

년 월 일

핵심 말씀 누가복음 10장 27절 대답하여 이르되 네 마음을 다하며 목숨을 다하며 힘을 다하며 뜻을 다하여 주 너의 하나님을 사랑하고 또한 네 이웃을 네 자신 같이 사랑하라 하였나이다

01 무엇일까요?

☐☐라는 말은 불쌍하고 가엾게 여기는 마음을 뜻해요. 죄에서 돌이켰을 때 주어지는 용서의 은혜를 표현할 때 쓰이는 말이지요. 하나님의 긍휼하심을 입은 자들은 긍휼을 베푸는 자가 되어야 하며 긍휼은 구제와 자선 등으로 나타납니다. 긍휼을 베푸는 일은 심판 날 긍휼을 받는 것과 긴밀하게 연결되어 있어요.

02 풀어봐요!

1) 한 장사꾼이 ☐☐☐에서 강도들을 만나 거의 죽게 될 정도로 맞아 쓰러졌어요.

2) 강도 당한 장사꾼은 지나가는 ☐☐☐과 ☐☐☐에게 도움을 청했지만 두 사람은 모두 그를 피해 갔어요.

3) 하지만 모두 놀리며 멀리했던 ☐☐☐☐☐은 그를 보고 응급처치한 후에 가까운 여관으로 데려갔어요.

4) 예수님은 강도 만난 장사꾼을 자기 몸처럼 여기고 도와준 사마리아인이 참된 ☐☐이라고 하셨어요.

03 나누어봐요!

1) 강도 만난 장사꾼을 모른 척하고 지나간 사람들은 누구였나요?

2) 예수님은 참된 이웃이 누구라고 하였나요?

04 적용해봐요!

1) 내 주위에 어렵고 힘들어하는 친구가 누구인지 돌아보세요. 그리고 그 친구를 실제로 어떻게 도울 수 있을지 생각해 보고 실천해 보세요.

2) 교회나 집에서 가까운 고아원, 양로원, 병원에 친구들과 함께 모은 사랑의 선물을 가지고 가서 함께 나누며 예수님의 사랑을 전해주세요

05 기도해요!

하나님! 저희들 모두가 긍휼한 마음을 가지고 사랑을 실천해서 하나님께 큰 기쁨을 드리는 참 이웃이 되게 해주세요.

단어풀이 은혜 : 사랑으로 베풀어주는 혜택

24

마음이 청결한 자를 사랑하시는 하나님

본문말씀 창세기 6장 5절~9절

말씀을 읽은 횟수만큼 체크해 보세요.

핵심 말씀 창세기 6장 9절 이것이 노아의 족보니라 노아는 의인이요 당대에 완전한 자라 그는 하나님과 동행하였으며

01 무엇일까요?

☐☐☐ ☐☐☐ ☐ 라는 말은 성품과 행실이 맑고 깨끗하며 재물 따위를 탐하는 마음이 없는 사람을 뜻해요. 심령이 가난하고 깨끗하여 다른 사람의 것을 탐내지 않는 사람이란 말이지요. 마음이 청결한 자는 이 세대를 분별할 수 있는 영적인 안목을 가질 뿐만 아니라 다시 오실 예수님을 믿음으로 바라보는 소망으로 충만케 된답니다.

02 풀어봐요!

1) 하나님을 멀리 떠난 인간은 점점 더 큰 죄를 지어서 하나님은 ☐☐로 세상을 쓸어버리기로 하셨어요.

2) 당시 마음이 청결한 단 한 사람 ☐☐에게 하나님은 산 위에 큰 배를 만들어 노아의 가족과 동물들을 한 쌍씩 태우라고 하셨어요.

3) 사람들이 배를 만들 때에 노아를 못살게 굴었지만 노아는 오히려 사람들을 ☐☐했어요.

4) 방주가 완성되고 노아와 모든 동물이 방주 안으로 들어가자 큰 홍수가 나서 지구상의 모든 ☐☐이 죽었어요.

03 나누어봐요!

1) 세상 사람들이 하나님을 떠나 죄를 짓자 하나님은 이 세상을 어떻게 하기로 하셨나요?

2) 하나님은 마음이 청결한 노아에게 어떤 명령을 내리셨나요?

04 적용해봐요!

1) 하나님을 믿지 않고 시로 싸우며 찌증내는 친구들에게 이떻게 하나님을 알려주고 교회로 전도할지 가장 좋은 전도방법을 나누고 한 주간 실천해 보세요.

2) 지금 이 세상에서 하나님 마음을 아프게 하는 일이 무엇인지 이야기해 보고 하나님을 기쁘시게 하기 위해 어떤 일을 하면 좋을지 생각하고 실천해 보세요.

05 기도해요!

하나님! 노아처럼 마음이 깨끗해져서 하나님 말씀을 믿고 그대로 따라 하나님께 크게 쓰임받게 해주세요.

단어풀이 **청결**: 깨끗하고 말끔함

25 화평케 하는 자를 축복하시는 하나님

본문말씀 창세기 13장 1절~13절

말씀을 읽은 횟수만큼 체크해 보세요.

핵심 말씀 창세기 13장 8절 아브람이 롯에게 이르되 우리는 한 친족이라 나나 너나 내 목자나 네 목자나 서로 다투게 하지 말자

01 무엇일까요?

□□이라는 말은 개인 간이나 나라 사이에 충돌이나 다툼이 없이 평화로운 상태를 말해요. 하나님의 사랑과 영적인 기쁨을 체험한 데서 우러나오는 내, 외적 평안의 상태를 뜻하지요. 화평케 하는 자는 개인적인 화평을 누리는 상태에서 머물지 않고 능동적으로 화평하도록 이루어가는 자라고 할 수 있어요.

02 풀어봐요!

1) 아브라함과 그의 조카 롯의 소와 양떼가 점점 늘어나자 두 집안의 종들이 자주 □□□ 되었어요.

2) □□□□은 롯을 데리고 모든 땅이 내려다보이는 곳에 올라가서 원하는 땅을 먼저 선택하라고 했어요.

3) 롯이 매우 □□ 땅을 선택했지만 아브라함은 불평하지 않고 기쁘게 좋지 않은 땅을 향해 갔어요.

4) 아브라함은 살기 힘든 곳에 도착했지만 하나님께 예배하며 감사드려서 풍성한 □을 받았어요.

03 나누어봐요!

1) 아브라함과 조카 롯의 종들이 소와 양들에게 먹이 주는 문제로 자주 다투자 아브라함은 어떤 결심을 했나요?

2) 아브라함은 조카 롯에게 좋은 땅을 주고 살기 힘든 땅에 도착했지만 제일 먼저 무엇을 했나요?

04 적용해봐요!

1) 하나님은 친구들과 싸우며 자기만 생각하는 사람보다 서로 친하게 지내며 함께 돕는 사람을 좋아하세요. 나보다 친구를 위하고 배려해 주는 좋은 방법은 무엇이 있는지 서로 나누고 실천해 보세요.

2) 서로 싸우는 친구들에게 다가가 화해시켜 주고 서로 다시 친해지도록 이어주는 사랑의 중보자 역할을 하는 친구가 되세요.

05 기도해요!

하나님! 저희들도 아브라함처럼 하나님 뜻에 따라 화평하게 하는 삶을 살아서 하나님께 큰 축복받는 믿음의 자녀가 되게 해주세요.

단어풀이 축복 : 하나님이 사람들에게 베풀어주시는 은혜

26

의로운 자를 지키시는 하나님

본문말씀 욥기 1장 1절~12절, 42장 1절~10절

말씀을 읽은 횟수만큼 체크해 보세요. 1 2 3

핵심 말씀 욥기 42장 10절 욥이 그의 친구들을 위하여 기도할 때 여호와께서 욥의 곤경을 돌이키시고 여호와께서 욥에게 이전 모든 소유보다 갑절이나 주신지라

01 무엇일까요?

☐라는 말은 사회적 인간으로서 지켜야 할 올바른 도리예요. 사람의 속성에 대한 인간의 속성의 내적인 도덕적 순응성, 그리고 의로운 도덕적 속성으로부터 흘러나오는 행위를 뜻하는 말이지요. 의를 안고 살아갈 때 박해가 뒤따르게 되어요. 하지만 이 모든 어려움은 예수님을 따르는 좁은 길이며, 영혼과 세상을 구할 수 있는 길이에요.

02 풀어봐요!

1) 하나님이 욥의 ☐☐을 칭찬하시자 사탄은 욥이 가진 것을 다 빼앗기면 하나님을 욕할 거라고 투덜거렸어요.

2) 하나님은 욥에게는 손대지 말고 그의 ☐☐을 빼앗을 것을 허락하셔서 사탄이 재산을 모두 빼앗았지만 욥은 믿음을 지켰어요.

3) 화가 난 사탄에게 하나님은 욥의 ☐☐은 건드리지 말고 병들게 하는 것을 허락하셨지만 욥은 계속 믿음을 지켰어요.

4) 하나님은 끝까지 믿음을 지킨 욥을 이전보다 더욱 ☐☐해주셨어요.

03 나누어봐요!

1) 욥은 어떤 어려움 속에서도 하나님을 향한 믿음을 버리지 않았나요?

2) 욥이 끝까지 믿음을 지키자 하나님은 욥에게 어떤 축복을 내려주셨나요?

04 적용해봐요!

1) 하나님이 기뻐하시는 일을 하면서 겪었던 어려움이 무엇이었는지 이야기해 보고 서로에게 힘이 되는 말을 해주세요.

2) 각자 지금 힘든 일이 무엇인지 고백하는 시간을 갖고 서로 힘든 일을 믿음으로 이겨나가도록 서로 기도해 주는 시간을 가져요.

05 기도해요!

하나님! 저희들도 욥과 같이 어떤 어려움 속에서도 의를 위해서 끝까지 믿음을 지켜서 하나님께 큰 축복받는 믿음의 자녀가 되게 해주세요.

단어풀이 소유 : 자기의 것으로 삼는 것

MEMO